Ein Mund voller Herbst

Mirza Agha Asgari (Mani)

Ins Deutsche übertragen mit
Gaby Rose und Peter Schütt

www.sturnus-verlag.de

www.sturnus-verlag.de

Ein Mund voller Herbst
Autor: Mirza Agha Asgari (Mani)
Illustrationen: Hannibal Alkhas
Umschlaggestaltung: Zahra Neyssani
Umschlagsfoto: Rahim Karimi
ISBN: 978-3-946451-10-5
Sturnus Verlag
www.sturnus-verlag.de
Postfach 46 06 25
München 80914

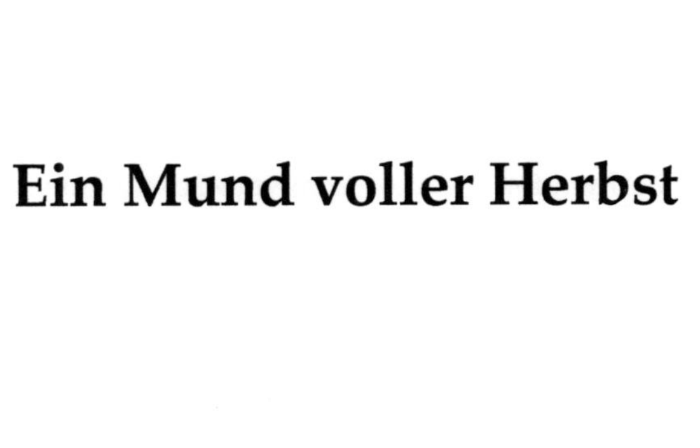

Ein Mund voller Herbst

Warum ich das Leben mit den Deutschen liebe

Ohne es zu wollen und zu wissen, bin ich in eine muslimische Familie und in ein islamisches Land geboren worden. Ohne es zu wollen, wurde ich beschnitten. Ich musste in der Grundschule und in den weiterführenden Schulen den Koran, die Religion und die islamische Geschichte lernen. Ich musste nach islamischem Gesetz heiraten. Meine Kinder wurden als Moslems geboren, obwohl ich kein Moslem mehr war. Ich konnte nirgendwo sagen oder schreiben, dass ich kein Moslem mehr war.

Ohne dass ich gefragt wurde, schrieb der Staat als meine Religion «Schiit» in meine Dokumente und in meinen Personalausweis. Gegen meinen Willen bin ich als Moslem in die Weltstatistik eingegangen. Ich wollte es nicht, aber ich musste meine Heimat im Jahr 1984 verlassen.

In der Gegenwart: Meine Frau und ich leben schon lange ohne islamischen Ehevertrag zusammen. Ich habe offiziell geschrieben, dass ich seit 60 Jahren kein Moslem mehr bin. Meine Frau und ich haben in unserem Testament bestimmt, nach dem Tod unsere Körper verbrennen zu lassen, obwohl dies im Islam absolut verboten ist. Wir lehrten unsere drei Kinder, Mensch zu sein und nicht religiös. Um nicht als Geiseln in die Hand des Islamischen Staates im Iran zu geraten, ließen wir alles zurück, was wir dort hatten. Der Islamische Staat im Iran hat schon lange unsere zwei kleinen Häuser beschlagnahmt. Jeder von uns hatte mehrere Jahre in der Krankenpflege dafür gearbeitet. Jetzt sind wir aber frei in einem demokratischen Land. Wir haben vieles verloren. Aber wir haben etwas Wertvolles gefunden: die Freiheit. Natürlich akzeptiere ich die Religionsfreiheit. Ich hoffe aber gleichzeitig, dass die Moslems und Anhänger anderer Religionen auch die Andersgläubigen akzeptieren. Deshalb sind meine Gedichte und die Prosatexte wie ein Tanz zwischen der Vergangenheit, der Gegenwart und der Zukunft. Ein Tanz zwischen Realität und Fantasie. Sie sind mal bildhaft, mal wie ein Tagesbericht, mal mit philosophischen Gedanken, mal humorvoll, mal traurig, mal erotisch, mal melancholisch, mal politisch, mal poetisch. Ich habe über 2000 Gedichte geschrieben. In diesem kleinen Buch werden Sie einige Beispiele davon lesen.

Ich bedanke mich bei Frau Gaby Rose und Herrn Peter Schütt, die mir geholfen haben, diese Gedichte vom Persischen ins Deutsche zu übertragen, sowie Frau Michaela Didyk für Ihr aufmerksames und genaues Lektorat der Übersetzungen.

Mani

Inhaltsverzeichnis

Erster Abschnitt

Zweiter Abschnitt

Erster Abschnitt

Ins Deutsche übertragen mit
Gaby Rose

Das Messer

Das Messer halbierte den Apfel,
der Hass halbierte uns.
Bis erneut ein Apfel
am Baum heranwächst,
frisst Herbst sich auch in uns hinein.

Die Schwerter

Die Schwerter zerschneiden die Luft wie Stoff.
Doch diese unsichtbare Wunde
wird wieder heilen.
Zerreißt jedoch das Schwert der Rede
die Seele der anderen,
so hält die Hand der Unendlichkeit
kein Heilmittel bereit!

بر گذرگاه

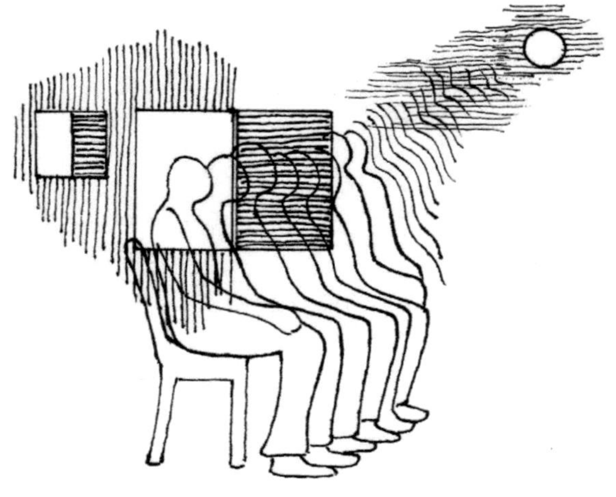

Am Wegesrand

Traum

Wenn du nicht da bist,
Umarme ich dich in meinem Traum.
Wenn ich meine Arme öffne,
gleitest du hinweg.
Der Traum ist ein Schatten der Realität!

Die Wahrheit

Wenn die Erde sich dreht,
schwanken wir,
ohne es zu wissen.
Wenn aber die Wahrheit sich dreht,
stürzen wir ab,
sofern wir ahnungslos bleiben!

Mein Gott, dein Gott

Mein Gott breitet das Licht aus
auf den Weizenfeldern
wie goldene Gedichte,
während die Morgendämmerung
in den Tag fliegt.

Er singt und bemalt
auf dem Baum den Granatapfel rot.
Wie die Eizelle begrüßt er den Samen.
Er gleicht dem verliebten Jüngling,
der Stunden auf der Straße wartet,
auf ein Mädchen,
das niemals kommt.

Mein Gott ist
wie der Schwanengesang
auf dem Teich,
gibt sich als Beute dem Wolfsrachen hin,
damit sich der Lebenskreis
weiter dreht.

Dein Allah jedoch,
nach dem Morgengebet,
geht zum Richtplatz,
die Freiheitskämpfer zu köpfen.
Und die Mütter weinen um ihre Söhne,
halbe Kinder noch,

du nun abgeschlachtet.

Du glaubst, im Selbstmordattentat,
wenn du die Welt zerstörst,
das Göttliche zu rächen.
Gott selbst jedoch braucht all das nicht.
Er ist wie Wein, der die Umarmung wärmer macht,
wie die Musik, die uns vereint.

Aufwiegelnd und
aufhetzend sind die Worte
des Religionsführers,
auf dass deine Seele
noch dunkler werde,
wogegen die Opfer weinen:
über die zerrissene Welt
Oh, Mutter Erde!

Mein Gott ist
wie die kühle Scheibe einer Melone
die im heißen Sommer,
das Leben erfrischt.
Er ist wie eine heilende Arznei
für die hinsiechenden Seelen.
Er versüßt wie Honig die ersten Worte eines Kindes.

Mein Gott verbirgt sich in den Klängen einer Sinfonie,
er wohnt in der leisen Melodie, die anhebt,
wenn Liebende sich umarmen.
Fanatiker können ihm nichts befehlen.
Dein »Allah« will meinen Gott hässlich aussehen
lassen.
Doch mein Gott macht irgendwann sogar deinen Gott
schön.

Was auf der Sarat-Brücke passierte

17

Gewidmet den überlebenden und den getöteten
Charlie-Hebdo-Mitarbeitern

Der Erzengel schmettert die Trompete im Nahen
Osten,
auch im Westen und in Fernost, überall:
»Aufstehen!
Heute ist der Jüngste Tag …! Aufstehen!«

Welch eine schöne, Furcht einjagende Trompete er hat!

Wir alle standen auf.
Wir gingen mit der Schar der Toten und Gläubigen fort
wie Prediger, die nach Mekka gehen.
Wir waren nackt,
auch die Frauen waren nackt.
Zum ersten Mal sah ich Aische nackt!

Wie schön ist der Jüngste Tag,
Wie schön ist der Karneval der Nackten!
Alle marschierten sie total nackt:
Die Religionsführer,
die Armee der Djihadisten,
die Totenwäscher und Verhörer,
sogar die Selbstmordattentäter.
Wir zogen singend dahin:
»Wir kommen von Gott und wir gehen zu ihm zu-

rück!«

Die letzte Brücke
war feiner noch als ein Haar und schärfer als jedes Schwert.
Unverzagt und mit sicherem Schritt betrat ich sie.
Nicht wie ein Akrobat, der mit einer Stange auf dem Seil balanciert,
nicht wie die Gläubigen, die den Rosenkranz halten,
sondern wie Voltaire, der mit seinem Geschlechtsteil in der Hand
tanzte und fortging!
Da hat mich ein weiblicher Engel, nackt, so berührt,
dass ich sogleich ein erotisches Gedicht in die Luft schrieb!
Oh, wie anschmiegsam, wie sexy die weiblichen Engel sind!

Auf der Brücke
verhörten und folterten mich die Religionsrichter,
vor ihren Kameras habe ich gebeichtet.
Spion nannten sie mich für Jesus und Moses,
Spion für Buddha und Brahman und
obwohl ich all das verneinte,
sprachen sie mich schuldig.
Allah selbst hatte das Gottesurteil über mich schon mit Spucke unterzeichnet.
»Egal«, gab ich ihnen zur Antwort,
»Ich war ein Spion der Wahrheit!
Aber das ist euch entgangen.«

Fröhlich und tanzend zogen wir weiter,
als plötzlich der Erzengel rief:
»Zurück! Ihr Ungläubigen und Gläubigen!
Zurück auf die Erdkugel!
Die Gaskammern der Hölle sind noch nicht bereit.
Es wird einen neuen Aufruf geben.«

Gehorsam
kehrten wir zurück.
Die Ungläubigen sangen:
»Wir gehören alle der Erde
und kehren zu ihr zurück!«

Wie schön und verführerisch
ist doch der Jüngste Tag.
Wie gerecht und
wie erotisch ist er!
Wie froh und ehrlos ist Voltaire,
der nun in mir weiterlebt.

Einen Moment noch stand ich
auf der Brücke,
um Fotos zu machen.
Unter der Brücke war alles durcheinander.
Omar Ben Abu hatte arglistig
ein Fleischerbeil in der einen Hand
und den Kopf Gottes in der anderen.
Der sang so paradiesisch:
»Allah ist groß, Allah ist der Größte!«
Osame Ben Abubaker,
hieb die Spitzen der Hochhäuser ab,
Häuptern gleich,
um sie den anderen Häusern anzugleichen.
Sein »Prophet« badete im Blut.
Hunderte von Köpfen sammelten sich
unter dem Fuße des Imams
und die Schiiten sangen:
»Wir bezeugen, dass Ali Vertreter Gottes ist.
Khomeini peitschte Salman Rushdi aus
und rief: Ich bezeuge, Mohammed ist der Prophet
Gottes.«
Die Djihadisten vergewaltigten die
Blondinen und sangen:
»Alle Märtyrer sind am Leben!«
Aische peitschte die Eva

und sang heilige Verse dazu.

Der Jüngste Tag ist ein Abbild unserer Welt.
Er ist kein Ziel für Touristen, sondern Terroristen!
Wie meine Heimat im Nahen Osten
oder wie deine Heimat irgendwo.

Nun kehre ich traurig zurück auf die Erde,
zurück zu Charlie Hebdo und
sitze zusammen mit meinen Kollegen.
Nun quellen meine Satiren über von paradiesischen Jungfrauen,
während draußen die Welt erzittert
vor der Scharia und dem Ruf des Muezzins vom Minarett.

Die Trompete dröhnt zum Karneval der Djihadisten.
Im Internet fließt das Blut der abgeschlagenen Köpfe
Doch wir schreiben weiter Satiren.
Die Schüsse dringen gleichsam durch unsere Körper.
Wie lange wird man uns terrorisieren?
Sind wir überhaupt noch am Leben?
Da erwacht der Fundamentalist in mir!
Ich entschließe mich,
noch einmal über die letzte Brücke des Lebens zu gehen.
Egal was passiert!
Wir sind alle Selbstmörder,
egal ob wir töten oder getötet werden,
egal ob wir auf der Straße sind oder zu Hause,
im Krieg oder im Büro.

Ich bin ein Selbstmordattentäter!
Ich hasse die Zivilisation, ich hasse die Welt.
Meine Sprengstoffwesten liegen bereit,
den ganzen Erdball zu vernichten.
Vielleicht lande ich genau im Sexclub des Paradieses
mit meinen zweiundsiebzig Huris,

die mir zustehen!
Ich bin ein Heiliger Djihadist!
Ich zerschlage die Welt
nicht nur mit Sprengstoffwesten,
sondern mit Atombomben!

Die Liebe

Die Morgendämmerung
schlägt die Brücke
zwischen Nacht und Tag,
so auch der Sonnenuntergang.
Die Form
schafft die Verbindung
zwischen Dasein
und Dahinscheiden,
ebenso die Formlosigkeit.
Die Liebe verknüpft
das absolute Nichts
mit dem ewigen Sein.

Der Apfel

Vom Lebensbaum
pflückte ich einen Apfel.
Vom kosmischen Baum
pflückte ich unsere Erdkugel.
Meine Handteller duften nach Äpfeln!

فراسوی

Jenseits

Der Glaube

Ohne das Meer
hat das Schiff keine Bedeutung.
Der Untergang der Schiffe ist aber gerade das Meer!
Ohne den Glauben
hat der Mensch keine Bedeutung.
Der Untergang des Menschen jedoch
ist der erstarrte Glaube!

Die Granatäpfel

Das Kind saugt die Wangen des Granatapfels aus.
Die Zeit saugt die Wangen des Kindes aus.
Als ich ein Kind war,
hielt ich einen runzeligen Granatapfel in der Hand
nun halte ich meine faltige Wange.

Der Mangel

Die Kinder waschen
mit ihrem Lächeln
die Dunkelheit aus unserem Gesicht.
Wir lieben die Kinder,
weil ihnen zwei Dinge fehlen:
Weltanschauung und Macht!

Die Lebensdauer

Ich widmete
die eine Hälfte meines Lebens
der Liebe,
die andere Hälfte
dem Leben.

Zweigeteilt
bin ich schon:
eine Hälfte in der Helligkeit,
eine in der Finsternis!

Meine Heimat

Meine Heimat
liegt nicht in einem Regentropfen,
nicht in einem Erdteil.

Meine Heimat
liegt nicht in der dunklen Trauer meiner Mutter,
nicht in meinem Pass,
nicht in meinen alten Kleidern,
auch nicht in meinem Körper.
Meine Heimat liegt
nicht in meiner dunklen Rasse oder Herkunft,
auch nicht im Mund oder im Schoß meiner Frau.

Meine Heimat sind meine Gedichte,
die wie ein Seidenhemd
meine Existenz umhüllen.

لبخند

Das Lächeln

Tröpfchen auf Stein

Tropfen für Tropfen
öffnet das Wasser
einen Gang
in den Stein.
Schade:
meine Wörter
sind nicht so hart
wie Wassertropfen,
und dein Herz
ist nicht so weich
wie ein Stein!

Die Schäfer

Als ich noch Kind war,
zählten Schafe zu meinen liebsten Freunden.
Als ich erwachsen war,
lag gegrilltes Hammelfleisch
auf meinem Teller.
Nun befinde ich mich selbst
auf dem Essteller
meiner geliebten politischen Freunde,
die noch ein Stück erwachsener sind.

Die Endstation des Alters

Wenn wir mit dem Leben gut umgehen,
wird der Tod uns sanft begegnen.

Das Alter ist die Endstation,
in der wir auf das Sterben warten.
Zeitweise warten wir ungeduldig darauf,
manchmal zittern wir,
wenn wir die Schritte des Todesengels hören.

Die aber den Tod fürchten,
haben das Leben nicht gelebt.

Vielleicht ist gerade das Sterben
die höchste Wahrheit des Lebens.

Das Vögelchen in der Hand

Wenn wir das Vögelchen,
das wir in der Hand halten,
zu fest drücken,
wird es sterben.

Wenn wir die Hand öffnen,
wird es davonfliegen.

Ich glaube aber,
in deinen Händen zu sterben,
ist schöner,
als von deinen Händen
fortzufliegen!

Ein Kontinent, ein Gedicht

Jeder Kontinent
wird nur einmal entdeckt.
Ein Gedicht
wird nur einmal erschaffen.
Das Leben
kann man nur einmal leben.
Jedes Mal jedoch,
wenn meine Königin
im Saal erscheint,
ist sie ein neues Geschöpf.
Und jedes Mal,
wenn ich sie erdichte,
blüht sie wiederum auf.
Und das Leben erschafft
uns jeden Tag
wieder und wieder!

Zwischen den Fingern des Frühlings

Zwischen deinen Fingern: Frühling.
Zwischen meinen Fingern: Fieber.
Halleluja!

In meinem Hemd: Frühling.
In deinem Hemd: Fieber.
Halleluja!

Hand in Hand,
sind wir:
Einigkeit
Umarmung.
Halleluja!

Das warme Brot deiner Lippen!

Ich liebe das warme Brot deiner Lippen
und auch die Weizenkörner
deiner Rede.

Ich liebe den Honig deiner Worte
im Mund meiner Gedichte,
auch den Rhabarber deiner Finger
in meinem Mund.

Ich liebe das Kopfkissen deiner Beine,
die Farbe der Zeit auf
deinen Nägeln,
den Liebesduft auf deinem Herzen
und mehr als alles
das warme Gedicht,
das deine Zunge
in meinen Mund trägt!

هستی

Das Sein

Die verlorenen Reiter

Die Reiter sind in der Geschichte verlorengegangen,
die Propheten in der Wüste,
die Könige in den Trümmern
ihres Schlosses.

Du bist meine verehrte Königin,
wenn die Form
vom Erdball verschwindet,
verlassen ihn auch
Maß und Materie.

Setzen wir uns zusammen,
damit die Künstler uns dichten,
die Dichter uns musizieren
und die Komponisten uns malen!

Dann werden diese zwei Vögelchen
gemeinsam nisten -
so wie wir auch!

In dir leben

Sobald ich an dich denke,
nähere ich mich dir.
Wenn ich an das Sterben denke,
nähere ich mich
dem Sonnenuntergang.
Doch wenn ich an die Zukunft denke,
denke ich an das Leben,
an deine uneingeschränkte Lebenslust.
Ich denke an deine Weisheit,
an das Leben in dir
und wie ich mit dir eins werde
gleich den Wasserlilien bei Sonnenaufgang.

Die Suchenden

Sie zweifeln,
welche Religion sie wählen sollen,
sie suchen nach der verlorenen Wahrheit
zwischen verschiedenen Gottheiten.

Auf der Jagd nach dem ewigen Vergnügen,
zwischen Unwahrheit und Wahrheit
zweifeln sie an sich.

Sie wissen nicht,
wo sie das schöne Leben finden:
in dieser bitteren Welt oder in der Illusion eines Paradieses.

Auch ich habe Zweifel,
in welchen deiner Wörter ich niste
und welchen deiner Finger
ich küssen soll.

Einem Traum gegenüber

Auf dem leeren Stuhl ihr gegenüber
sitze ich.
Auf dem leeren Stuhl mir gegenüber
sitzt sie.
Ihr gegenüber
liest die Fantasie ein Gedicht vor.
Mir gegenüber
gestaltet die Fantasie ein Gemälde.

Damals saß ihr ein Dichter gegenüber.
Mir gegenüber lag weiße Malerleinwand.
Schon seit Langem
haben die Surrealisten sie bestohlen,
wie die Magier auch mich beraubten.
Nun liegt auf dem Stuhl
mir gegenüber ein Gemälde,
ihr gegenüber sitzt ein Kunstmaler!

Die Wärme meiner Hände

Die Wärme meiner Hände
habe ich damals
ihren Füßen geschenkt.
Als Hausschuhe dienten ihr meine Hände.
Mein Schoß war
ihr weiches Hemd.

Es gab auch
den weichen Schlafanzug,
das warme Bett,
den Pollenflug des Raunens
und diesen vergehenden Traum.

Meine Gedichte waren es,
genau diese Gedichte,
die du nicht siehst!

Der schönste Prophet

Aus den vielen Versen,
mit denen der Kanarienvogel
den Baum der Frühe bestäubt,
wissen wir,
dass er der schönste Prophet ist!
Mit seinem Weibchen,
mit seinen strahlenden Federn
und mit seinen philosophischen Gesängen
fliegt er in mein Gedicht!
Wir wissen,
dass er der klügste Prophet ist,
auch wenn er es selbst nicht weiß!

Wenn der Dirigent
seinen Taktstock bewegt,
fliegt das Vögelchen
vom Ast einer Melodie
zur Schulter des Pianisten
und stimmt den Ton an,
damit das Orchester nicht
die falsche Musik spielt
oder den richtigen Einsatz verpasst.

Manchmal setzt sich das Vögelchen auf die Leinwand,
damit der Maler die fehlende Farbe findet!

Das Weibchen legt manchmal
seine Eier in mein Gedicht,
damit ich wiedergeboren werde.

Was alle wissen, wissen wir nicht.
Was wir ahnen, ahnt niemand!
Dieser Vogel aber
ist derselbe Gott,
der auf der Schulter der Morgendämmerung
mit seinem Gesang
die Welt erschuf.

نگاه تو

Dein Blick

Zwei Teller Philosophie

Genau hier auf diesem Esstisch:
zwei Scheiben Brot und zwei Salatblätter,
zwei Scheiben Käse und zwei warme Gedichte,
zwei Teller Musik und zwei Tassen ewiger Philosophie.

Genau hier auf diesem Esstisch:
zwei Lieder voller Weinbrand,
zwei Hemden voller Unruhe und Lust,
zwei rote Wellen in zwei Körpern.

Genau hier,
in der Helligkeit dieser Nacht:
zwei Philosophien umarmen sich,
zwei Raunen verschmelzen,
die roten Wellen verwirbeln,
zwei Hemden werden zu Orkanen,
zwei Lieder werden leer.

Und danach:
zweimal genussvolles Gähnen.

Im Winde verweht

Jene Gedichte,
die ich gegen den Hunger schrieb,
sind im Hunger beerdigt.

Alle Gedichte, die ich
der Freiheit widmete,
sind in Blut ertrunken.

Alle Lieder, die ich
für Arbeiter sang,
wurden unter ihren Füßen zertreten.

Die Fahnen, die ich
für die Helden hisste,
zerrissen ihre Schwerter allesamt.

Alle Reden, die ich für den Sieg der Gerechtigkeit hielt,
wurden niedergemacht.

So viele Gedichte aber,
die ich für dich schrieb,
sind geblieben.

Lass also,
mein Liebling,
wenn du zu mir kommst,

deine Füße nicht auf dieses Gedicht treten!
Denn ich warte darin auf dich,
damit ich mit dir erblühen kann!

Die Blutlache

In der Folterkammer
hat er dein Halsband zerrissen.
Wie die Perlen
wurden auch wir verstreut
und in der Blutlache
auseinandergetrieben.

Ungläubig

Um ein Ungläubiger zu werden,
brauchte ich nicht viel zu lesen
und zu denken.
Es reichte,
dass ich nur einmal
einem Gläubigen tief in die Augen schaute.

Der Tod

Das Weizenfeld

Sie kommt in der Nacht,
nimmt eine Handvoll Leben,
bestäubt es unter der Haut des Frühlings.
Das Weizenfeld, das sie sieht, bin ich!

Ich gehe durch die Nacht.
Aus dem Urquell
bringe ich eine Handvoll Gesang
und verstecke ihn hinter den Wolken.
Der Liebesgesang,
über das Weizenfeld gestreut,
das ist sie!

Sie kommt bei Tag
und erntet die Weizenkörner.
Die Küsse wie Körner auf ihrem Körper,
das bin ich!

Ich gehe durch den Tag
und sammle die Gesänge
wie die Flüsse, die ihr Wasser ins Meer ergießen.
Diese Liebe, in der wir alle schwimmen,
das ist sie!

Akzeptieren

Der Himmel sollte lila sein.
Dieser Kranich sollte ein Wal sein!
Die Spinne sollte ein Apfel sein.
Die Erde sollte blau sein.
Warum ist es nicht so geworden?
Es sieht so aus,
als ob das Sein
eine beliebige Form wählte,
ohne uns zu fragen.
Unsere Weltanschauung
hat ebenso verschiedene Formen angenommen,
ohne sich um das Dasein zu kümmern.

Warum läuft alles anders,
als ich es wünsche?!
Warum gehorcht mir der Mensch nicht,
warum nicht die Welt?

Wenn es so ist,
versuche ich,
den Orkan als Orchidee zu sehen,
die Wassermelone als Fluss,
die Philosophie als Fuchs
und den Himalaja als Spermium!
Das gelingt nicht?

Nein!

Warum aber bestehst du darauf,
dass ich dann wie du denken muss?
Warum soll ich leben und sterben,
wie du es forderst?
Und muss ich etwa so dichten,
wie du es verlangst?
Lassen wir doch alles lieber so,
wie es ist.
Du bleibst ein Himmelsbürger
und lässt mich ein Erdenbürger sein.
Ich gebe dabei durchaus zu:
Ein blauer Himmel ist schön,
und die fliegenden Kraniche
sind noch schöner!

Nicht zur rechten Zeit

Eines Tages
wirst du an mich denken,
dann aber ist es zu spät.
Eines Tages
werde ich an die Freiheit denken,
doch dann bin ich nicht mehr frei.
Eines Tages
werden wir an die Sonne denken,
die gestorben ist.
Eines Tages dann,
wir alt geworden,
erwachen in uns Gedanken,
die zu jung für uns sind.
Ich werde eines Tages auch an dich denken,
wenn du nicht mehr da bist!

Vieles geschieht
nicht zur rechten Zeit.

Vier Gruppen

Leben und sterben lassen.
Leben und leben lassen.
Sterben und leben lassen.
Sterben und sterben lassen.

Zu welcher Gruppe ich gehöre?
Nicht glauben, doch glauben lassen!

زمان

Die Zeit

Wenn ich wieder lebe

Was würde ich machen,
wenn ich noch einmal lebte?
Ich würde für immer ein Schulkind bleiben.
Wenn dies nicht ginge,
wäre ich ein dummer, verliebter Junge
oder ein junger Mann,
verirrt und sentimental,
vielleicht auch ein fauler Angeber
oder ein halbwissender,
aber leidenschaftlicher Revolutionär,
ein siegreicher Held gegenüber meinem Vater,
oder ein Narziss.

Wenn ich noch einmal leben dürfte,
würde ich ab zwanzig
den Frauen, denen ich nein sagte,
ja sagen,
den Frauen denen ich ja sagte,
nein sagen.

Außerdem
wäre ich mit mehr Ungläubigen befreundet.
Ich würde die Huren als Geliebte betrachten
und die, die ihr Kopftuch tragen,
als Huren behandeln.
Mein Festtagsgewand
würde ich im Alltag tragen

und meine kostbare Zeit
nicht im Wartezimmer
der Ärzte verbringen.

Ich würde von allen Büchern
nur den Don Quijote lesen.
Und anstatt Musik zu hören,
würde ich selbst pfeifen!
Ich würde den Schlaf
als meine Geliebte willkommen heißen,
den Sport als meinen Freund
und die Musik als meine Mutter ehren.

Wenn ich noch einmal leben dürfte,
würde ich weiterhin Rebell bleiben.
Ich würde keine Steine auf Hunde werfen,
sondern auf ALLAH.

Ich würde nicht mehr in den Schnee pinkeln,
sondern auf heilige Gräber.
Ich würde nicht mehr auf die Erde spucken,
sondern auf die heiligen Gedichte.
Ich würde nie wieder den Mullahs folgen,
sondern den Vögeln!

Heimlich würde ich mit meiner Geliebten,
die in Zukunft meine Frau wird,
mit meiner heutigen Frau,
die in Zukunft meine Geliebte wird, ins Bett steigen!
Zwar bliebe ich der Sohn meines Vaters,
doch statt miteinander zu streiten,
würden wir gemeinsam einen Sex-Club besuchen.
Ich würde alle heutigen Freunde verlassen,
alle heutigen Gegner behielte ich weiter,
denn in diesem Leben wählte ich nur meine Gegner
richtig!
In meinem nächsten Leben
würde ich meine neuen Schuhe

nicht schonen!
Ich zöge sie an
und liefe durch Matsch und Schnee.
Wenn ich noch einmal leben dürfte,
dann ohne Religion und Heimat,
weder verlogen noch dumm.
Ich würde vielmehr als stattlicher, mutiger Wolf geboren
und im Schnee und Eis des Nordpols
würde ich deinen Busen
mit meinen Zähnen liebkosen,
damit sich der Pol erwärmt
und wir zum dritten Mal
geboren werden,
weil nur die Liebenden
dreimal
zur Welt kommen!

Die Lerche

Wie schön, dass diese Lerche
gar nichts versteht!
Sie ist kein Mitglied einer Partei.
Sie ist weder ein Gläubiger
noch ein Ungläubiger,
weder ein Linker noch ein Rechtsradikaler.
Sie ist weder ein Revolutionär
noch ein Reformer.
Sie ist kein Schiit oder Sunnit,
kein Apostel, kein Prediger.

Wie schön, dass dieses Vögelchen
weder ein Moslem ist noch ein Christ,
weder ein Jude noch ein Buddhist,
weder einer, der die Heimat verteidigt
noch einer, der sie verrät,
weder ein Philosoph
noch ein Geschäftsmann.
Es ist lediglich ein Vögelchen.

Es spielt die Rolle, die die Natur
ihm zugeteilt hat.
Es setzt sich auf einen Baum
in unserem Garten
und singt,
und singt,
ohne zu wissen,

dass ich allein es höre.
Ihm ist nicht wichtig,
ob ich ein Linker bin oder ein Rechter,
ein Amerikaner oder ein Chinese
ein Gläubiger oder ein Ungläubiger.

Ich bin begeistert vom Gesang,
den das Vögelchen uns schenkt,
ohne zu wissen,
dass die weltberühmte Sängerin
sich so viel Mühe gibt,
mit ihm zu konkurrieren.
Prima!
Es weiß gar nichts.
Es gehört nirgendwo dazu.
Es ist weder Befürworter
noch Gegner eines Propheten,
weder für »uns«, noch gegen »uns«,
weder weltlich noch geistlich,
weder Radikaler noch Reformist,
weder Scharlatan noch Botschafter,
weder Salafist noch Djihadist,
weder Monarchist noch Kommunist.

Das Vögelchen trinkt
weder den Whisky des CIA
noch den Wodka des KGB,
keinen Trank aus China,
keine islamischen helal Getränke.
Es ist kein Philosoph und kein Geschäftsmann,
nur ein zwitscherndes Vögelchen.

Es setzt sich auf den Baum der Zeit,
es singt und singt.
Mal wie ein Hahn, mal wie Pavarotti,
Mal wie Chayyam, mal wie Lorca.

Es ist nur ein Vögelchen,
das sich in einen Dichter verwandelte
und sich neben euch gesetzt hat.
Es eröffnet seinen Gesangesbausch,
und dann fliegt es davon!

In Umarmung mit Frau Proton

Sehr geehrte Frau Proton!
Ich werde Sie nie wieder fragen:
»Was machen Sie bitte mit Ihrer engen Jeans
in diesem Atomkern?«
Damit Sie mir nicht mehr sagen:
»Sehr geehrter Herr Elektron!
Was wollen Sie von mir
in diesem Atomkern
mit Ihren verliebten Verirrungen
und mit Ihren unverständlichen Gedichten?«

Liebe Frau Proton,
es reicht mir im Grunde,
dass Sie wissen,
dass ich ein Elektron bin,
das sich um Sie dreht,
und ein Dichter dazu,
der den Inhalt Ihres weichen Kleides liebt!
Ich drehe mich um Sie,
Hu, Hu, Yahu[1]!

Aber ich bin kein Derwisch,
der sich vergeblich um Gott dreht,
um ihn zu verwirren,

1 Hu: Ein Gottesname, Yahu: »Du Gott« in der Sprache der Sufis

weil er sich doch nur selbst verwirrt.

Liebling!
Du bist nicht mein Gott (Hu)
sondern meine Gazelle (Ahu[2])!
Drehe mich bitte weiter!
Ich höre Melodien deiner Galaxie
in diesem Atomkern.
Singe, singe weiter bitte,
um diese verwünschte Anziehungskraft zu zerreißen,
damit ich befreit werde von dieser Fliehkraft,
die mich von dir entfernen will.
Kritisiere mich bitte nicht,
dass ich, um deiner Kraft zu entfliehen,
so viel Energie benötige.
Frage dich eher, mein Schatz,
warum du nichts unternimmst.
Warum pflückst du mich nicht aus meinem Kreis,
um mich wie einen Apfel anzubeißen?

Heute sagte ich zur Erdkugel,
die sich um die eigene Achse dreht wie ich:
»Ihre Geliebte, die Sonne unterliegt
derselben Versuchung
wie meine Frau Proton!
Beide ziehen uns nicht ganz zu sich,
geben uns aber auch nicht frei!
Ha, ha, typisch Weibchen!«

Ihre Antwort war wie immer philosophisch:
»Sei ein Derwisch wie ich,
und drehe dich immerzu weiter!
Die Anziehungskraft ist die Geliebte
und die Fliehkraft entspricht dem Liebhaber.
Die Liebe ist so, lieber Herr Elektron!
Sie bedeutet:

---

2 Ahu = Gazelle in persisch

Nicht erreichen, nicht erreichen,
niemals erreichen!«
Hu, Hu, Yahu!
Meine Ahu!

Meine sehr geehrte, liebevolle Frau Proton!
Kommen Sie bitte, näher und näher.
Verlassen Sie meine Umlaufbahn,
auch wenn Sie vielleicht zerrissen werden.
Danach können Sie mich wie ein Vögelchen,
das einen Kern in den Schnabel nimmt,
in Ihrem Mund erwärmen.
Machen Sie schnell bitte,
bevor unsere Zeit abgelaufen ist.

Liebling!
Ich bin müde, dein Elektron zu sein.
Ich möchte mit dir verschmelzen
wie Hu im Derwisch
und wie Ahu im Schoß ihres Wolfes!

مجسمه ها

Die Statuen

Untergang eines Bootes

Im Boot, das unterging,
liegt eine Lesebrille, durch die kein Auge mehr blickt.
Die Fische haben die Lederschuhe zerrissen.
Die Weinbrandflasche, ungeöffnet,
genießt Rausch und Einsamkeit für sich
unter dem Schlamm am Meeresgrund.

Im Boot tief unten
ist nicht Morgen und nicht Abend.
Die Liebe eines Paares verströmt sich im Meer.
Die Muschel aber lässt den Namen der Geliebten
als eine Perle in sich weiterleben,
Nixen singen Meeresgedichte,
die erst der Tod in ein unbeschriebenes Heft notierte.
Immer noch tickt die Armbanduhr
des Bootsmannes,
die den Namen der Geliebten stetig wiederholt.
Den Namen in der Meerestiefe,
in der Tiefe der Philosophie.

Manchmal

Manchmal ist die Umarmung freudvoll,
manchmal ist aber darüber zu dichten noch freudvoller.
Manchmal ist die Pflanze selbst hübsch anzusehen,
manchmal ist aber die gemalte Pflanze noch hübscher anzusehen,
Manchmal wird der Gott verehrt,
manchmal sein Untergang noch mehr.
Obwohl die Sonne schön ist,
sind zeitweise die Schatten noch schöner.
Obwohl du so verführerisch bist,
bist du manchmal in meinen Gedichten viel verführerischer.
Denn manchmal ist die Wahrheit leuchtend,
manchmal aber die Fantasie noch leuchtender!

Die Reise

Nach dieser Reise bleibt von den Bildern, die wir
aufnahmen,
nichts mehr zurück.

So verlasse ich lieber die Bilder,
damit die Ewigkeit meinen Platz ausfüllt.

Wenn der Schleier über euren Augen mich verhüllt,
das Licht sich von mir entfernt
und der Himmel sich über mir öffnet,
werdet ihr sehen,
bleibt nichts von unseren Schatten zurück.

Das Hochwasser wird die Brücke zerstören
und auch deren Realität wird damit verschwinden.

Von so vielen Landschaften
und Lächeln,
von so vielen alten Brücken
und jungen Schatten,
von so vielen Reisenden und Kirschblüten,
von so vielen Farben
des Daseins
bleibt nichts
in den Bildern zurück.

Das Hochwasser der Zeit

wird die Brücken einreißen
und alles in das Meer schwemmen.
Da werde ich ebenso wie ein Schatten
von den Bildern verschwinden.
Damit ich diese Reise beenden kann,
lasse ich Stück für Stück
das Leben und den Himmel hinter mir.
Weil ich mich vor Verbrechern fürchte,
schleiche ich wie ein Schatten durch die Straßen.

Der Windstoß auf den Bildern,
die Kirschblüte auf dem Wasser
und die Fußspuren im Sand -
alles verschwindet.

Die Geschichte dringt durch
Türme und Schlösser.
Die Zeit öffnet alle Tore
und nimmt jede Burg ein.

Die Zeit reißt das Leben mit sich
wie das Hochwasser die Brücken.
Alle Bilder werden von der Zeit gelöscht.

Der Marsch auf die Bergspitze

Siavash Lashgari gewidmet

Bei der Demonstration in Richtung Zukunft
legte ein Kamerad seine Beine an den Wegrand.
Er blieb zurück und nistete sich in der Vergangenheit ein.

Wir gingen aber weiter.

Unterwegs legte der Genosse seinen Kopf an die Seite,
setzte sich darauf,
scheiterte in sich
und blieb zurück.

Wir gingen aber weiter.

Einer, wir nannten ihn Wegweiser,
ging uns voran, bis er auf halbem Wege zum Gipfel
seine Augen abgab und wie ein Stein im Tal verschwand.
Später benutzte man diesen Stein für die Mauer eines Gefängnisses.

Wir gingen aber weiter.

Unser Sänger wurde erschossen.
Seine Gesänge aber lebten fort.

Unser Held warf Pfeil und Bogen
in das Tal und kehrte zurück.
Daraufhin wurde er Gefängniswächter.

Wir gingen aber weiter.

Ein Stück des Wegs hinauf schlug der revolutionäre Dichter
seine Gedichte wie einen hohlen Schädel an einen Felsen
und kehrte um.
Später wurde er Dichter der Despoten.

Wir gingen aber weiter.

Vor der Bergspitze zerriss der Fahnenträger unsere Fahne.
Er klopfte seinen Rucksack aus an der Angst und stürzte sich ins Tal.
Später haben wir seinen Namen in traurigen Gedichten gelesen.
Unterwegs kamen alle Propheten zu Tode.
Nur die Sonne blieb und entwirrte unseren Weg.

Wir gehen immer noch weiter.

Wir wissen, die Zukunft ist die Bergspitze,
die man niemals erreichen kann.
Generation für Generation und durch die Jahrhunderte hindurch
gehen wir weiter
und werden immer weitergehen.

Von hier aus schauen wir in die Vergangenheit, die hinter uns
im Nebel liegt.
Wir sehen, wie weit wir schon von ihr entfernt sind
und wie wir der Zukunft nähergekommen sind.

Inzwischen haben wir kräftigere Beine,
bessere Augen,
klarere Gedanken,
schönere Gesänge
wirksamere Gedichte,
sichtbarere Fahnen.
Von hier aus
liegt der Palast der Despoten
und Gespenster
weit zurück
immer kleiner geworden und unschärfer.

نیستی

Das Nichtsein

Himmelreich oder Abwasserteich

Was sagen überhaupt
diese verstaubten Leute?
Was suchen sie hier in den Hochburgen des Staates
zwischen Verbrechern, zwischen Mullahs und Mausoleen?
Erkläre mir bitte, wer sie sind.
Was will dieser Kalif im Nahen Osten mit vierzehnhundert Jahresringen
auf seinem Gesicht und seiner Stirn
mit so viel Grabgeruch, Mord
und Unrat im Kopf?

Was sucht dieser Religionsführer
unter dem Decknamen »der Gläubige«,
dieses Krebsgeschwür
zwischen Euphrat und Tigris
mit Giftworten und giftigen Gedanken,
mit seinem Militärkommando und Anhängern,
die keine Köpfe haben,
die zugleich mit ihren Mordparolen
ein Lächeln zustande bringen?
Sage mir bitte,
was sucht dieser Mann im Nahen Osten,
was sucht er in der Welt?

Was sagen
die schwarz Gekleideten

im Irak und in Syrien,
die grün Gekleideten
in Kerbela und Nedjef,
die in Blut Gekleideten
in Damaskus und Sanaa?
Was meinen die Horden von Wilden
mit ihren längst überholten Sprüchen
in Qom und Hedschas?
Erkläre mir bitte, was sie sagen.

Sage mir bitte, warum heulen
diese angeschimmelten
»Glaubensmitläufer«,
diese weinenden Pilger,
diese »Gläubigen«,
die aus einem veralteten Buch herausgeschüttelt wurden,
diese Allah-Rückstände
in Libyen und im Jemen?

Wen suchen die verrückten Verbrecher
in Bagdad und Kundus,
die nach dem Paradies lechzenden
Taliban in Kuwait?
Diese Meister des Auspeitschens
und Meister des Ausgepeitschtwerdens?
Was suchen sie alle
im 21. Jahrhundert?
In Paris, Amsterdam, Berlin oder London?

Es wäre schön, wenn ich ein Affe geworden wäre.
Ich bin ein Nachfolger dieser Leute,
verirrt zwischen Ost und West.
Ich gehöre zu den »Moslembrüdern«.
Als Opfer
werfe ich Erde auf meinen Kopf.
Ich zerkratze mir mein Gesicht
mit den Nägeln

schlage gleichzeitig aber
die Köpfe anderer ab.
Ich heule als Opfer,
gleichzeitig aber tanze ich zwischen Vielweiberei und
Ehen auf Zeit.

Frage mich bitte nicht,
was diese Leute des 14. Jahrhunderts
im 21. Jahrhundert suchen.
»Diese Welt ist das Feld
für die zweite Welt«.
Was ich hier bestelle, ist die Vernichtung der Mensch-
heit.
Meine Saat sind die abgeschlagenen Köpfe.
Ich bewässere sie mit Blut,
ich ernte Hass und Krieg.
Ich bin ein »Moslembruder«.
Ich möchte einen Hechtsprung ins Paradies machen.

***

Bitte nehmen Sie
alles, was ich sage, nicht ernst.
Ihr seid vernünftig, ich bin verrückt.
Ihr seid Gläubige,
ich bin ein Ungläubiger.
Ihr seid pures Gold,
ich bin schmutzige Erde
Ihr seid Demokraten,
ich bin ein Nichtsnutz.
Aber antworten Sie mir bitte selbst:
Was suchen Sie
in diesem Tsunami aus Blut?

***

Ich verstehe euch leider nicht.
Ich aber …

Ich suche mir in diesem Schlachtfeld des Glaubens
mein Paradies,
meine tausend Jungfrauen
dort, wo auch meine Heiligen und Märtyrer schwelgen!

Gewidmet dem »Größten Führer«

Ich sagte bereits,
dass mein Schweigen nicht bedeutet,
dass ich gestorben bin.
Nun sage ich:
Mein Schweigen ist mein Schrei.

Und dies ist der Unterschied:
Du siehst kurz den Höhepunkt der Zeit,
ich sehe aber meine Größe
machtvoll wie einen Tannenbaum,
der den Himmel berührt.
Obwohl das Leben himmelfarben ist,
ist es nicht himmlisch.
Du dagegen,
obwohl du die Farbe der Erde hast,
bist weder irdisch
noch himmlisch.
Du bist der Bodensatz des Todes.

Du könntest ein Freund
des Lebens sein,
der Helfer unserer Mutter Erde,
der Freund unseres Vaters Sonne,
der Freund unseres Baums
des Lebens.
Du hast aber das Hemd
unserer Mutter blutig gemacht,

خلائی نیست

Keine Leere

das Licht unseres Vaters
dunkel gemacht.
Oh, du giftige, bittere Frucht!

Früher ging ich wie ein Tropfen im Meer auf,
wie ein Sandkorn in der Wüste,
wie der Gesang einer Lerche
in der Luft,
wie der Gesang eines Steines
im Geröll.
Aber ich trug die Gene der Erde,
und die DNA der Sonne
und das Lied eines Apfelbaums in mir.

Meine Winterstille
ist nur ein Zeichen des Frühlings
und ein Signal für den Sturm.
Du, Obermann, du Übermensch,
obwohl du noch einige Zeit brauchst,
das zu verstehen,
steige auf deine Kanzel,
damit du mich besser hörst:

Die Sonne antwortet jetzt,
die Erde wird dich verschlucken
und das Meer wird dich wegspülen.
Dein Protest gegen mich zeigt,
dass mein Schweigen kein Zeichen für meinen Tod
war,
sondern die Wiedergeburt des Frühlings.

Nun stehst du auf der anderen Seite des Schachbretts,
ich stehe dir gegenüber
und nun ist es an mir zu sagen: Schachmatt!

Weltliche Umarmung

Sie sterben nicht,
weil sie denken.
Sie sind unsterblich,
weil sie erfinden.
Die anderen aber
bauen ein Haus aus Illusionen,
indem sie im »zweiten Leben« die Ewigkeit suchen,
Sie lassen sterben
und sie sterben »gerne«.
Warum auch nicht?!

Du weißt allerdings,
wenn du nicht mehr bist,
herrscht die Ewigkeit.
Deswegen verzichtest du auf das Trugbild
und lässt deinen nackten Körper
die Wärme der Sonne genießen.

Erinnerst du dich, Liebling?

Damals wohnten wir in der Illusion.
Nun gehören wir der Realität.
Ich habe meine Jugendlichkeit weggegeben.
wie sich ein Krug voller Melodien
in eine dunkle Halluzination ergießt,
ohne sie erklären zu können

Mein Schatz,
rück näher in meine Arme.
Sparen wir uns die vergänglichen und
bedeutungslosen Illusionen.
Wärme mich,
bevor der Tod die Mörder
von Vernunft und Lebenslust mitreißt!

Die chinesische Teekanne

Die chinesische Teekanne
war unser geliebtes Familienmitglied.
Wir setzen uns um sie herum.
Sie erzählte uns etwas durch ihren Gesang.
Sie war ein Gelehrter,
ein Weiser und ein Humanist.
Sie war klein wie ich,
ein Philosoph wie ich.
Ihre bunte Weisheit weckte uns auf.
Der Duft ihrer Tees brachte uns Klarheit.
Was für eine Teekanne!
Mit ihren Farben und Miniaturen
war sie wie ein alter
chinesischer Tempel,
auf dem Esstisch.
Man könnte sagen,
sie war ein Buddhist,
ruhig dasitzend, ein Denker.
Ihr Körper war wie ein Apfel
unter der Sonne,
oder die Sonne in einem Apfel.

Sie war nicht wie ich.
Sie nahm die Kritik der Spülbürste an,
um damit glänzend und fleckenfrei zu werden.
Warum war ich nicht wie sie?!

Warum war sie nicht ein Egoist wie ich?
»Was bin ich,
ohne das Wasser und das Feuer,
ohne die Teeblätter und die Tasse,
ohne euch,
ohne die Spülbürste?«

Warum war sie nicht so allein wie ich?
Auch wenn sie leer
im Waschbecken lag,
erzählte sie von den Ideen des persischen Philosophen
Mani.
Sie glich der Einsamkeit im Universum.

Bei Sonnenuntergang
fiel sie auf den Kachelboden
und zerbrach
wie der letzte Satz Hegels
vor seinem Tod,
wie Gott auf Nietzsches Papier,
wie Nietzsche auf dem Papier Gottes!
Zerbrochen wie meine Tage
vor diesem Monitor!
Sie zersplitterte wie Buddha
zwischen seinen Anhängern,
wie ein gefallener Satz
auf den Steinen des Gehwegs,
wie spärliche Buchstaben in der Luft,
wie ein paar Blutstropfen,
die verloren gingen,
besser gesagt
wie eine verflossene Liebe.

Ich fegte dieses
zerbrochene Gedicht auf
und warf es auf den Müll,
von da aus in die Ewigkeit.
Warum versteckt sich die Ewigkeit hinter Müllkippen?

Liebe Leserin, lieber Leser,
ihr seid auf dem Flug
zwischen Händen und Bodenfliesen,
Auch wenn ihr
die besten Gotteskinder seid,
das Nichts-Sein wartet auf euch.
Sagt mir bitte,
wo sich die chinesische Teekanne
jetzt befindet?
Wo versteckt sich ihre Form?
In der Sichtbarkeit?
In der Unsichtbarkeit?

Ein Mund voller Herbst

Schade,
ich besitze nicht die richtigen Worte,
dir meine Liebe zu erklären.
Meine Sprache hält keine genauen Begriffe bereit,
wie der Herbstbaum,
der keine Blätter mehr trägt.

Ich will sagen:
»Ich liebe dich«,
aber diese uralte Sprache
hat leider keine würdigeren Worte dafür.
Ich suche Buch für Buch
nach einem Dichter,
der Vater der Sprache ist.
Ein Dichter, der meinen Mund
mit Frühlingssätzen füllen kann.
Ich finde ihn aber nicht.
Ich kann sagen:
Ich woge für dich
wie die großen Wellen auf dem Meer.
Ich glänze für dich
wie ein Achat auf einem Goldring.
Ich lache für dich
wie ein Kind in der Wiege.

Ich kann sagen:
Du wärst mein Baum,

wenn ich eine Frucht wäre.
Du wärst die Umlaufbahn,
wenn ich ein Planet wäre.
Du wärst die Bergspitze,
wenn ich der Schneefall wäre.
Du wärst die Gebärmutter,
wenn ich ein kalter Keim wäre.
Du wärst die Antwort,
wenn ich eine Frage wäre.
Aber nein!
Ich suche andere Worte
und ich finde sie nicht.
Vielleicht sind die Tautropfen
der Worte
im Meer alter Zeit verloren gegangen.
Daher suche ich mir einen Dichter,
der sie herausfischen kann,
der ihnen ihre Bedeutungen
wiedergeben kann.
Ich möchte etwas sagen,
aus Schnee, Melodien, Träumen.
Aber leider
gibt es keine passenden Worte,
in meinem herbstlichen Mund.

Wie Kaffeegeschmack

Wie Kaffeegeschmack
verbreitet sie sich in meinem Morgen.
Wie der Geschmack des Wodkas
verbreite ich mich in ihrer Nacht.

Nun,
wenn ich ein Knopf wäre,
würde ich geöffnet.
Wenn sie ein Rätsel wäre,
würde sie enträtselt.
Wenn ich eine Galaxie wäre,
würde ich mich ausdehnen.
Wenn sie ein Lied wäre,
würde sie erklingen.

Ich bedecke ihr zitterndes Augenlid
mit meinen Gedichten.
Sie bedeckt meine zitternden Augenlider mit einem
Kuss.

Sie macht meinen Tag wohlduftend
wie eine Tasse Kaffee.
Wie Trunkenheit fließe ich
in ihren Adern.

Schon ist alles klar:
Sie ist die Realität.

Ich bin die Surrealität.
Sie ist nun ein Surrealist.
Ich bin aber immer noch ein Realist.

Eine andere Zukunft

Es kommt vor,
dass mein Bleistift
ohne mich weiterschreibt,
dass mein Stuhl,
ohne mich warm wird,
dass das Morgengrauen
ohne mich erblüht.

Ohne mich wiederzusehen,
werden sie mich in ihr Bett
oder in ihre Einsamkeit mitnehmen.
Es wird vorkommen,
dass sie die Dunkelheit ihrer Umgebung mit meinen Händen
wegwaschen
und ihre Münder
mit meinen Melodien füllen.

Es wird die Zeit kommen,
dass sie ihre Falten
mit meinen Worten
von ihrer Stirn streichen
und ihren Schlaf vom Albtraum befreien.

Sie werden die Weisheit von einem Kaninchen lernen,
das auf dem Feld spielt.

Es wird wahrscheinlich vorkommen,
dass sie weit weg
von unserm heutigen Planeten leben,
aber mir näherkommen werden.
Ich wäre dann in euch
unsterblich geworden.

Es passierte mehrere Male,
dass sie, von meinem Bett
aufgestanden,
ein Lied aus dem Morgenkorb auswählte.

Die Hand, die mich von meinem Schreibtisch holt
und die Wörter
meinem Munde entnimmt,
wird sie im Universum bewahren,
um sie auf meinem Schreibtisch
unsterblich zu machen.

Es war immer so,
Es bleibt immer so.
Wir leben ineinander
immer und ewig
wie die Weisheit in der Geschichte.

Einsamkeit

Schon lange
haben die Tauben keinen Ölzweig
zu mir nach Hause gebracht.
Mein Lebensraum ist wie ein leerer Spiegel.

Die Mondscheibe
erhellt den Fluss.
Aber schon lange
ist es dunkel unter den Lidern,
die wie Lippen die Augen verschließen.

Es kommen Briefumschläge,
aber es sind keine Briefe darin.
Briefe kommen an,
aber es sind keine Worte darin geschrieben.
Worte kommen, sie sind aber ohne Bedeutung.
Die Zeitungen sind leer.
Ich blättere im Schneebuch,
doch es fehlen darin die Gedichte.
Auf dem Gehweg
vor meinem Fenster
höre ich das Trappeln der Füße,
aber niemand
geht auf dem Weg.
Meine Kleider
spazieren in die Stadt,
aber sie sind leer.

Und leer kommen sie
wieder nach Hause.
Im Angesicht des Meeres
werde ich älter,
ohne die Lieder
der Sirenen zu hören.
Die unerwarteten Stürme
brachten mich zum Verschwinden.
Der unerwünschte Wind
trocknete alles aus,
was ich je bedeutete.
Schon lange dreht sich
kein einziges Lichtteilchen mehr
in der Luft,
damit ich auf dem ruhigen Fluss
landen kann.
Die Vögel singen nicht mehr,
damit meine Stimme
in aller Klarheit
aufgeschrieben wird.
Schon lange
habe ich nichts in die Welt
geschrien,
um meine Welt zu verändern.
Doch nun ist es an der Zeit
laut zu rufen:
»Es lebe die Liebe!«
Nun ist es Zeit,
meinen Namen
aus den Mündern der Toten
zu befreien.

Weizenkorn

Ich war ein von Gott vergessenes Weizenkorn
auf dem Feld.
Der Frühling koste mich
so lange, bis ich zur Ähre wurde.

Ich war eine vereinzelte Ähre
auf dem Weizenfeld.
Das Jahr breitete sich in mir aus,
bis ich zu einem Weizenfeld wurde.

Jetzt bin ich ein Weizenfeld
auf der Erde,
aber ich liege noch immer
unter Bomben und Stiefeln.

Ich bin ein Weizenfeld,
so verbreitet wie Menschen auf dem Globus.
Die Zeit dehnt sich in mir.
Ich sauge an der Brust unserer Mutter Erde,
damit das Leben
nicht nach Blut und Schießpulver riecht,
sondern nach Brot und Liebe duftet.

Versammlung in der Terrorzelle

Guten Morgen, verehrter Herr Führer,
Wir warten auf Sie in der Terrorzelle.
Herr Religionsoberhaupt redet gerade.
Die geehrten Waffen beten gerade,
Die ehrsamen Kriegsstiefel warten gähnend,
Die weiblichen Geiseln sind da,
vergewaltigt zu werden.
Die Märtyrer,
Die Selbstmordattentäter,
Die Sprengstoffwesten sind da.
Auch die Ungläubigen warten am Altar.
Alle sehr geehrten Messer warten geschärft,
auf den Hals des ungläubigen Journalisten.
- …
Wie bitte?
Ja, ja, die angesehenen Mörder
haben schon vor der Kamera
ihr Testament vorgelesen.
Ja, klar!
Die Paradiesjungfrauen
warten nackt auf uns.
Der Gottesdienst ist gleich zu Ende.
Die Handgranaten sind schon scharf,
die Kalaschnikows geladen,
die Glaubensbrüder voll Ungeduld.
Wann sind Sie zugegen, meine Exzellenz?
- …

Wie bitte?
Ach so! Ja, natürlich!
Die Kinder halten schon ihre Waffen bereit,
um den Gefangenen die Köpfe abzuschlagen.

Bitte? die Leitung …
Ach ja, euer Majestät,
Die Petrodollars warten unruhig hier auf Sie.
Allah o Akbar setzt sich breitbeinig auf die Raketen.
Unsere heilige schwarze Fahne ist schon gehisst.
Der heilige Djihad beginnt bald.
Beeilen Sie sich bitte!
Alle warten auf Sie, Herr Kalif !
-…
Gott?!
Nein, er kommt nicht,
weil er uns fürchtet!
(So ein unzuverlässiger Gott!)

Mit leeren Bechern

Mit leeren Bechern
sind wir vom Strand
zurückgekommen.
Die Sonne am Himmel
Haben wir nicht gesehen:
verbrannte Stunden

Ohne zu trinken
haben wir die Quelle
verlassen, aus der
alle Lieder fließen.
Vom Himmel regnete
die Schönheit auf uns
herab, doch wir wollten
uns nicht nass machen:
Feige Herzen.

Die Sterne hingen
herab wie die Äpfel am Baum.
Der Mond war nah
wie das Lächeln eines Kindes.
Doch wir griffen nach
dem Wind, der vorüberweht,
der verweht…

Die Becher
sind leer zurückgekommen
vom Strand, und keiner weiß,
dass sie leer sind.

Zweiter Abschnitt

Ins Deutsche übertragen mit
Peter Schütt

Bäume im Sturm

Mein kleines Gedicht
Wird auf deinen Lippen schön,
wenn du es flüsterst.
Deine Stimme gibt dem,
was ich dichte und denke,
den Sinn.

Wenn die Erde
ruht im Leichentuch der Trauer
und der Name Gottes
selbst zu einem Bitterwort
auf unseren Lippen wird,
dann bleibst du
das Sinnbild der Hoffnung.

Ich verstecke meine Träne
in deiner Hand.
Und meine Träne ist nichts als
der Tropfen menschlicher Mühsal.
Ich gehöre zu einem Volk,
dessen Augen angefüllt sind
mit bitteren Tränen.
Ich bin Nachkomme eines Volkes,
das weit wie das Meer war,
dessen Wellen gebrochen sind
an weit entfernten Ufern.
Ihr Auf und Ab war

wie der Tanz der Flammen.

Mein Volk,
Bäume im Sturm.
Obwohl gebrochen, fallen sie
niemals mit dem Gesicht
auf die tote Erde.

Und wenn der Spiegel deiner Stirn
blind wird vom Seufzer der Liebenden,
dann lässt du
unser Gedicht auf deinen Lippen
erblühen, das Gedicht
von der Heimat
der Heimatlosen.

Die Wetterwendischen

Zum Sonnenaufgang beten sie.
Zum Untergang trinken sie Wein.
Sie hängen ihre Fahnen nach dem Wind.
In einem Auge zeigen sie Trauer,
im anderen Freude.

Sie wechseln Tag für Tag
Die Tageslosung … Nacht für Nacht
ihr Nachtkleid …
In der einen Hand
das Schwert, in der anderen
das Honigfass …

Sie rufen nach der Freiheit,
wenn alle danach rufen.
Sie werden zu Unterdrückern,
wenn die Unterdrückung triumphiert.
Sie sind heute gelb
und morgen rot …

In der einen Hand halten
sie Gift, in der anderen
Wein …
Sie reden von der Liebe,
wenn die Liebe im Geschäft ist.
Sie laufen zum Feind über,
wenn der Feind die Schlacht gewinnt.

Sie sind schön,
wenn du von der Schönheit sprichst,
und werden hässlich,
wenn du von der Hässlichkeit sprichst.
Immer hängen sie ihre Fahnen
nach dem Wind,
die Wetterwendischen.

Grabstein

Sieben Tote
mit versengten Haaren
In Särgen vorbeigetragen.
Sagt, Getötete,
wie duftet die faulende
Seerose?

Gebrochene Weidenbäume
zerfurchten ihre Wangen
vor lauter Trauer
Sagt, Mädchen,
wie duftet die faulende
Seerose?

Leichenstarre.
Gesichter von sieben Müttern.
Mutter,
zum Fenster hinausgelehnt,
sag mir,
wie duftet die faulende
Seerose?

Über Mirza Agha Asgari (Mani)

Ab 1975, also noch unter dem Schahregime, begann Mirza Agha Asgari in Buchform zu publizieren; er war gerade 24 Jahre alt, als er seine erste Gedichtsammlung »Morgen ist der erste Tag der Welt« veröffentlichte . Es folgten »Ich stehe mit den Wassern in Beziehung«, ein Gedichtband, »Das Epos des Seins und des Ritters«, eine Erzählung, »Der müde Wolf«, ein Drama für Kinder und Jugendliche. Asgari, der damals den Brotberuf eines Technikers im Umweltschutz ausübte und der populären Gruppe der »Jungen Lyriker« angehörte , wurde im Iran als Schriftsteller bekannt. Der Autor Ahmad Schamlou bezeichnete ihn als »Hoffnung der persischen Literatur«. Asgaris Verse verliehen der revolutionären Aufbruchsstimmung in der studentischen Jugend, der intellektuellen Opposition gegen das Schahregime, beredten Ausdruck. Kein Wunder, dass das Regime anfing mit Repressalien zu reagieren und der gefürchtete Geheimdienst SAVAK ihn bedrohte: Wenn du nicht aufhörst, gegen die Regierung zu schreiben, sperren wir dich ein …!

Dann kam der Sturz des Schahregimes, 1979 und die Bedrohung, die von dieser Diktatur ausging, schien erledigt, eine demokratische Perspektive für den Iran, seine Kultur und Künste, seine Schriftstellerei blühte auf. In der kurzen Spanne des Aufbruchs in eine vermeintliche Freiheit ging es auch mit dem Schriftsteller und Lyriker Asgari weiter aufwärts, und seine Publizität wuchs weiter an öffentliche Lesungen und Vorträge, neue Bücher wie »Die Erzählung von Tante Goldschin« (1979), »Republikanische Lieder« (1982) und »Friedenslieder« (1983). Sein Stück »Der müde Wolf« war mehrmals im iranischen Fernsehen zu sehen.

Die islamische Revolution führte bald schon zu einer neuen Diktatur, die Revolution fraß ihre Kinder, und Asgari sah sich in seinen humanistischen Idealen und Hoffnungen getäuscht. Wie zuvor zum Schahregime geriet er zum Regime der Mullahs in Opposition; und auch das Regime sah in ihm immer mehr und mehr den Gegner.

Der Konflikt spitzte sich nach dem Beginn des Krieges zwischen Iran und Irak zu, als die offizielle Propaganda Kriegs- und Heldentod-Verherrlichung forderte, begann Asgari »Friedenslieder« zu veröffentlichen . Auch in Artikeln und Flugblättern trat er für den Frieden und gegen den Krieg ein. Er verlor seinen Arbeitsplatz, er fand seinen Namen auf der Liste von Autoren, die verhaftet werden sollten, und tauchte unter. Er verließ sein Haus und seine Stadt, ging nach Teheran, lebte dort von nicht gemeldeter Arbeit unter falschem Namen; und schrieb weiter (jetzt unter dem Pseudonym »Mani«); die Gedichte wurden illegal gedruckt und verteilt; einige sprach er auch auf Kassetten. Es war ein gefährliches Leben, mit unsicheren ungenügenden Einkünften; zuletzt blieb ihm nur die Emigration. Über Berlin gelangte er in die Bundesrepublik Deutschland, nach Bochum, wo er nach acht Monaten als Asylant anerkannt wurde, und er seine Frau und seine beiden Kinder ins Exil nachholen konnte. Das war 1985.

Josef Krug

www.sturnus-verlag.de